10 juin 1911

PN

VENTE

Du Samedi 10 Juin 1911

HOTEL DROUOT, SALLES 7 & 8

A DEUX HEURES

TAPISSERIES ANCIENNES

MEUBLES, BRONZES, OBJETS D'ART

DÉPENDANT DE LA

Succession de Mme Veuve Arnauldet

OBJETS D'ART

Provenant de la Collection de Monsieur B***

COMMISSAIRE-PRISEUR

Me HENRI BAUDOIN

Successeur de M. Paul CHEVALLIER

10, rue Grange-Batelière

EXPERT

M. ÉDOUARD PAPE

174, faubourg Saint-Honoré

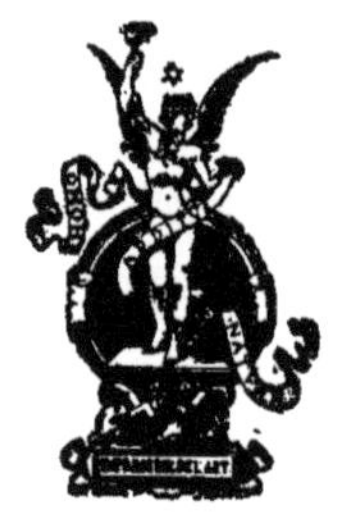

CATALOGUE

DES

Tapisseries Anciennes

Suite de cinq Tapisseries de l'ancienne Manufacture d'Aubusson

A SUJETS DE CHASSES ET PETITS PERSONNAGES

DOUZE FAUTEUILS COUVERTS EN ANCIENNE TAPISSERIE D'AUBUSSON

Quatre Tapisseries-Verdures du XVIIe Siècle

MEUBLES, BRONZES, OBJETS D'ART

DÉPENDANT DE LA

Succession de Madame veuve Arnauldet

OBJETS D'ART

FAIENCES ET PORCELAINES ANCIENNES

De Rouen, Moustiers, Chine, Saxe, etc.

PEINTURES — MINIATURES — OBJETS DE VITRINE

Provenant de la Collection de Monsieur B***

ET DONT LA VENTE AURA LIEU A PARIS

HOTEL DROUOT, SALLES 7 & 8

LE SAMEDI 10 JUIN 1911

à deux heures

COMMISSAIRE-PRISEUR

Me HENRI BAUDOIN

Successeur de M. Paul CHEVALLIER

10, rue de la Grange-Batelière

EXPERT

M. ÉDOUARD PAPE

174, faubourg Saint-Honoré

PARIS

EXPOSITION PUBLIQUE

Le Vendredi 9 Juin 1911, de 1 h. 1/2 à 6 heures

CONDITIONS DE LA VENTE

Elle sera faite *au comptant.*

Les adjudicataires paieront *dix pour cent* en sus des enchères.

Paris. — Imp. de l'Art, Ch. Berger, 41, rue de la Victoire

fr. 135.523 —

DÉSIGNATION

OBJETS D'ART

Provenant de la Collection de M. B...

FAIENCES ANCIENNES

1 — **Delft.** Deux assiettes, décor camaïeu bleu de fleurs et lambrequins.

2 — **Delft.** Deux assiettes, décor camaïeu bleu.

3 — **Delft.** Assiette à bords échancrés, décor de fleurettes manganèse.

4 — **Nevers.** Deux assiettes, décor polychrome de fleurs et feuillages.

5 — **Milan.** Assiette, à décor polychrome de fleurs et brindilles.

6 — **Savone.** Deux tasses et leurs soucoupes.

7 — **Italie.** Tasse et sa soucoupe, décor polychrome de scènes chinoises. Rehauts de dorure.

8 — **Italie.** Bassin en forme de coquille, décoré au centre d'une armoirie bleue.

9 — **Rouen.** Plat de forme ovale, décor polychrome dans le goût de Guillibeaux.

10 — **Rouen.** Petit compotier, décor camaïeu bleu.

11 — **Rouen.** Deux soupières de forme ronde, décor polychrome, dit « à la corne ».

12 — **Urbino.** Grand plat, à décor polychrome : scène mythologique.

13 — **Moustiers.** Plat, entièrement recouvert d'un riche décor camaïeu bleu, composé de lambrequins, ornements de ferronnerie, cartouches quadrillés, oiseaux et papillons. Au centre, une armoirie timbrée d'une couronne de marquis est accostée à droite d'une dame en costume de cour et robe à paniers, cachant son visage derrière un éventail et à gauche d'un jeune seigneur jouant d'un instrument à vent.

14 — **Rhodes.** Plat, décoré d'une palmette et de fleurs.

15 — **Rhodes.** Autre plat, décor analogue.

16 — **Rhodes.** Plat, à décor d'œillets rouges et de fleurs stylisées.

17 — **Rhodes.** Plat, décoré de palmettes et de fleurs en forme de tulipes.

18 — **Rhodes.** Plat analogue.

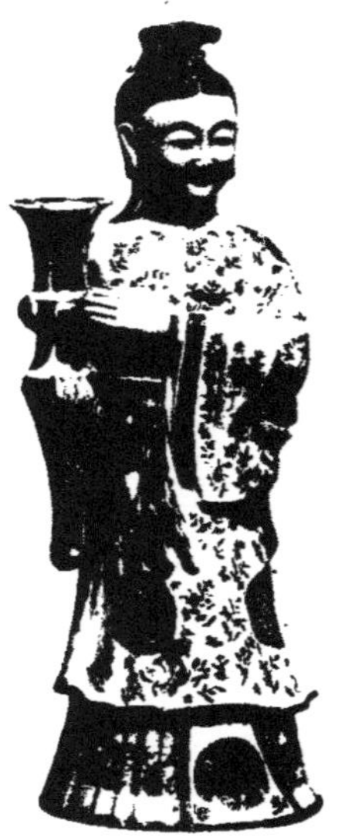

50

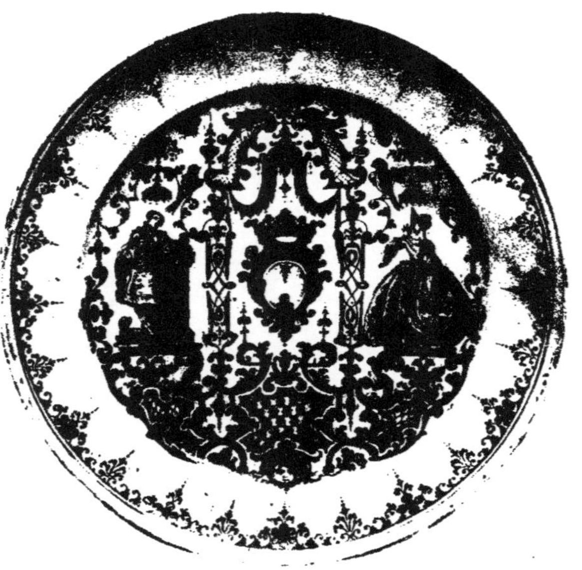

13

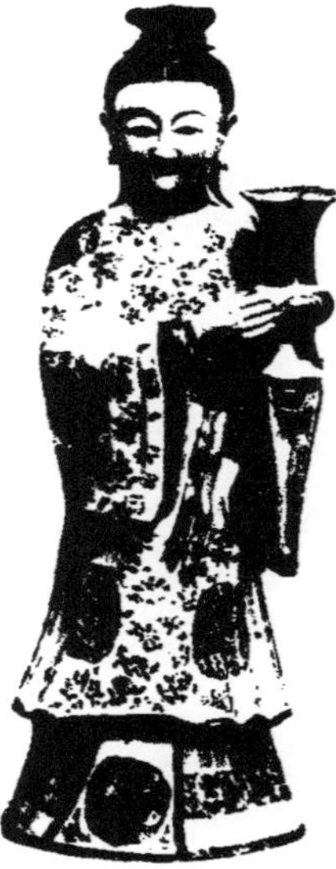

50

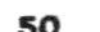

PORCELAINES ANCIENNES

19 — **Sèvres.** Deux assiettes portant au revers l'estampille : *Château de Fontainebleau.* Au marli, rinceaux, animaux et petits médaillons.

20 — **Sèvres.** Tasse et sa soucoupe en ancienne porcelaine pâte tendre, décor polychrome de bouquets de fleurs. Bordure bleue.

21 — **Saxe.** Crémier, décor polychrome de fleurs.

22 — **Saxe.** Ecuelle à bouillon et son plateau, décor polychrome de bouquets de fleurs. Au marli, ruban vert enroulé autour d'une baguette d'or.

23 — **Saxe.** Ecuelle semblable.

24 — **Saxe.** Tasse et sa soucoupe à fond bleu, décorés d'un portrait d'homme et d'un monogramme couronné.

25 — **Saxe.** Deux tasses et leurs soucoupes à bords imbriqués, décor de bouquets de fleurs polychromes.

26 — **Saxe.** Ecuelle à bouillon et son plateau, finement décorés de bouquets de fleurs. Aux anses, fleurettes et branchages polychromes en relief. Le bouton du couvercle est formé d'un citron décoré au naturel.

27 — **Saxe**. Groupe représentant l'Enlèvement d'Europe. Sur une terrasse rocaille, deux nymphes prennent des fleurs dans une corbeille et les tendent à leur compagne qui d'une main s'appuie sur la corne gauche du taureau et de l'autre enlace le cou de l'animal.

28 — **Saxe**. Charmille, à fond de treillage décoré de myosotis. Autour des pilastres s'enroulent des branchages ornés de fleurs polychromes qui grimpent jusqu'à un vase formant le couronnement de la pièce.

29 — **Saxe**. Petite statuette de jardinière agenouillée, tenant son tablier des deux mains.

30 — **France**. Groupe d'enfants moissonneurs coupant ou portant des gerbes. Biscuit pâte tendre. XVIIIe siècle.

31 — Groupe d'enfants symbolisant les Arts. Biscuit émaillé. XVIIIe siècle.

32 — **Berlin**. Présentoir en forme de feuille, à décor de fleurettes.

33 — **Chine**. Deux petites tasses à thé. Monture cuivre doré.

34 — **Chine**. Bassin de forme octogonale, décoré à l'intérieur et à l'extérieur d'arbres, de fleurs, d'oiseaux et de papillons. Époque Kang-shi.

35 — **Chine**. Plat, décoré de neuf vases de fleurs. Époque Kien-lung.

36 — **Chine.** Plat creux, décoré au centre d'un vase ajouré d'où sortent des fleurs et des branchages. Le marli est orné d'une zone vermiculée, à décor de fleurs de pêcher. Époque Kien-lung.

37 — **Chine.** Plat semblable.

38 — **Chine.** Plat, orné au fond d'une scène chinoise ; au marli, de réserves où alternent des fleurs et des ustensiles chinois. Époque Kang-shi.

39 — **Chine.** Grand plat, à réserve centrale de branchages fleuris polychromes entourée d'une bordure verte polygonale. Au marli, réserves à quadrillages variés. Époque Kang-shi.

40 — **Chine.** Plat creux, décor au coq. Six réserves émaillées blanc sur blanc au marli. Époque Kien-lung.

41 — **Chine.** Plat, décor polychrome d'oiseaux, de plantes aquatiques et de poissons. Bordure verte et rouge. Époque Kang-shi.

42 — **Chine.** Grand plat, représentant une scène chinoise. Deux personnages sont plongés dans l'eau jusqu'à mi-jambes, non loin de deux bateaux jaunes. Époque Kien-lung.

43 — **Chine.** Autre plat semblable.

44 — **Chine.** Plat, présentant au marli six lambrequins vermiculés, dont les pointes s'avancent vers le centre décoré de branchages fleuris. Époque Kien-lung.

45 — **Chine.** Plat de service octogonal, décoré au centre d'oiseaux et d'arbrisseaux pleureurs. Au marli, réserves alternant avec des réserves plus petites décorées d'insectes. Époque Kang-shi.

46 — **Chine.** Plat analogue.

47 — **Chine.** Paire de potiches, à décor de paons et de fleurs polychromes. Monture bronze. Époque Kien-lung.

48 — **Chine.** Plat, décoré en bleu sur blanc de fleurs, d'oiseaux et au marli de nombreuses réserves fleuries.

49 — **Chine.** Chimère accroupie et tenant une boule. La tête se détache. Fond vert. Époque Kien-lung.

50 — **Chine.** Paire de Kouann Inn tenant un vase de sacrifices. Elles sont vêtues d'une robe semée de fleurettes polychromes et d'ornements circulaires à fond rouge rehaussé d'or ou décorés de fleurs et lambrequins. Le bas de leur robe porte sur un fond rose des bandes décorées dans le même style. Époque Kien-lung.

51 — **Japon.** Grand plat, décoré de fleurs rouges et de feuilles bleues rehaussées d'or. Au centre, un vase fleuri.

52 — **Japon.** Plat semblable.

PEINTURES, MINIATURES

OBJETS DE VITRINE

53 — Petite gouache ovale, représentant un chien qui dort non loin d'un panier de roses.

54 — Troupe de guerriers à cheval, armés de lances. Peinture du XVIe siècle. Cadre en bronze doré.

55 — Gouache de forme ronde, représentant l'Amour que deux nymphes tentent de désarmer. Cadre en bronze doré.

56 — Petite gouache ronde, attribuée à C. HOUIN : Sujet de fleurs. XVIIIe siècle. Cadre en bronze doré.

57 — Gouache ronde : Paysage, dont le premier plan est occupé par un château et sa terrasse au pied de laquelle se promènent un seigneur et une dame, que précède un valet conduisant deux chevaux. Fond de collines. XVIIIe siècle. Cadre en bronze doré.

58 — Gouache ronde, animée de nombreux personnages groupés devant des charmilles. Tous suivent des yeux un ballon qui s'élève.

59 — Peinture ronde dans le goût hollandais. Au pied d'une tour, des bateliers manœuvrent. On distingue des vaisseaux à voiles dans le fond. Cadre en bronze doré.

60 — Vue du château de Versailles, animée de nombreux et minuscules personnages. Signée : *V. B.* Cadre rectangulaire.

61 — Miniature ovale : Jeune femme décolletée, dont les boucles blondes tombent jusqu'aux épaules. xvııe siècle.

62 — Petite miniature ovale de femme aux cheveux en partie recouverts d'un voile. xvıııe siècle.

63 — Miniature ovale : Scène enfantine.

64 — Portrait de jeune fille vue de profil. Elle a les cheveux relevés et le cou nu. Émail.

65 — Portrait de jeune seigneur en habit prune, portant une perruque poudrée. Émail. xvıııe siècle.

66 — Miniature de forme ovale : Une jeune fille, les cheveux à moitié voilés, la gorge demi-nue, porte dans le bras droit une torche allumée. Au revers, dans un petit médaillon, une femme tient un cartouche sur lequel on lit le mot : *Memento.* Cadre en argent doré. Angleterre, xvıııe siècle.

67 — Miniature ronde : Une femme coiffée d'un bonnet à la paysanne, les épaules cachées par un fichu croisé, tient sur ses genoux un enfant dont on aperçoit les bras et les jambes nus, tandis qu'un autre enfant à mi-corps se presse tendrement contre elle. Signée à gauche : *Le Tellier*. XVIIIe siècle. Cadre en bronze doré.

68 — Boîte en écaille brune, décorée d'un sujet galant dans le genre de Fragonard.

69 — Petite boîte rectangulaire en écaille brune montée sur or, ornée d'une miniature : Seigneur vêtu d'un habit bleu brodé d'or. XVIIIe siècle.

70 — Boîte ronde en écaille brune, ornée d'une miniature de jeune femme aux épaules nues, tenant de la main droite une colombe qui tente de s'échapper. Époque Louis XVI.

71 — Boîte rectangulaire en écaille, ornée de six petites peintures, marines et paysages. XVIIIe siècle.

72 — Boîte ronde en écaille brune, à intérieur doublé d'or, dont le couvercle contient un chiffre serti dans un cadre d'or. XVIIIe siècle.

73 — Petit médaillon-breloque, orné sur les deux faces de scènes enfantines peintes sur émail.

74 — Carnet-souvenir d'Amitié, à tablette d'ivoire et crayon, en vernis brun, monture or. Il est orné sur ses deux faces de médaillons à sujets de marines. Époque Louis XVI.

75 — Petite boite ronde en ivoire.

76 — Boite ovale en cristal, décorée d'édifices et de paysages en mosaïque de métal et de burgau. XVIIIe siècle.

77 — Boite plate en or, de forme rectangulaire, à angles coupés, décorée de feuillages et de filets d'émail blanc. Le couvercle porte un émail présentant une scène enfantine. Genève. Fin du XVIIIe siècle.

78 — Boite ovale en or émaillé bleu, à bordures de feuillages et filets d'émail blanc.

79 — Boite ronde en or émaillé bleu et semis d'étoiles. Elle est décorée au centre d'un sujet galant. Au couvercle, bordure de perles et de feuilles émaillées.

80 — Boite oblongue en or ciselé et émaillé à angles arrondis, à fond bleu étoilé d'or. Bordure de feuillages avec pointes d'émaux de couleur. Époque Louis XVI.

81 — Montre en or, décorée d'un émail. Époque Louis XVI.

82 — Étui en cuivre doré, décoré en relief d'ornements rocaille. Il contient un flacon de verre. Époque Louis XV.

83 — Petite cassolette, forme balustre, en métal gravé et doré. Époque Louis XIV.

84 — Bague, dont le chaton entouré de perles contient sous verre un petit sujet champêtre. Époque Louis XVI.

85 — Châtelaine, de style Louis XVI, à émaux peints de sujets galants.

86 — Croix argent et roses.

87 — Deux petites coupes en cristal de roche, forme coquille, à monture d'or Louis XVI.

88 — Tonnelet en cristal de roche gravé, supporté par deux grotesques en métal émaillé. Le tout repose sur une base en métal émaillé que terminent quatre petites consoles.

OBJETS VARIÉS

89 — Paire de bouteilles en émail cloisonné. Chine, XVIIIe siècle.

89 *bis* — Deux éléphants en émail cloisonné. Chine, XVIIIe siècle.

90 — Pendule, dont le socle rocaille orné d'une figurine et d'un petit sujet en ancienne porcelaine de Saxe supporte des branchages et un cadran. Bronze ciselé et doré. Époque Louis XV.

90 *bis* — Statue de femme assise. Signée : *A. Berganini*. Marbre blanc.

90 *ter* — Statue de femme portant un vase sur la tête et une urne de la main droite. Marbre blanc.

OBJETS

Dépendant de la succession de Mme Arnauldet

PENDULE, BRONZES, MEUBLE

91 — Pendule en marqueterie de cuivre et d'écaille, avec socle orné de bronzes dorés. Couronnement surmonté d'un amour. Le cadran est signé : *Fieffe, à Paris*. Époque Louis XIV.

92 — Paire d'appliques à deux lumières, forme rocaille, en bronze doré. Époque Louis XV.

93 — Autre paire d'appliques. Époque Louis XV.

94 — Baromètre-thermomètre en bois sculpté et doré, de forme allongée. Il est orné de vases et de guirlandes de fleurs. Le fronton est surmonté de deux colombes. Époque Louis XVI.

95 — Grand meuble à hauteur d'appui, à deux portes en marqueterie de bois de rose. Dessus de marbre. Époque Louis XVI.

Haut., 1 m. 35 cent.

MEUBLES

COUVERTS EN TAPISSERIE

96 — Douze fauteuils, recouverts en ancienne tapisserie d'Aubusson, d'époque Louis XVI. Les dossiers à personnages, les sièges à scènes d'animaux sont encadrés de draperies et de guirlandes de fleurs et montés sur des bois peints blanc et or du temps du Directoire.

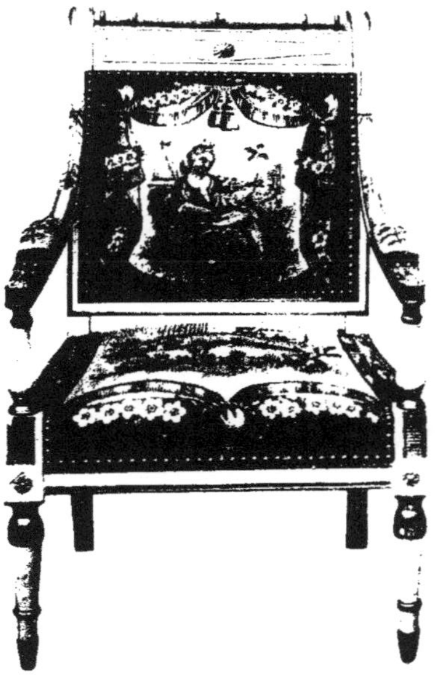

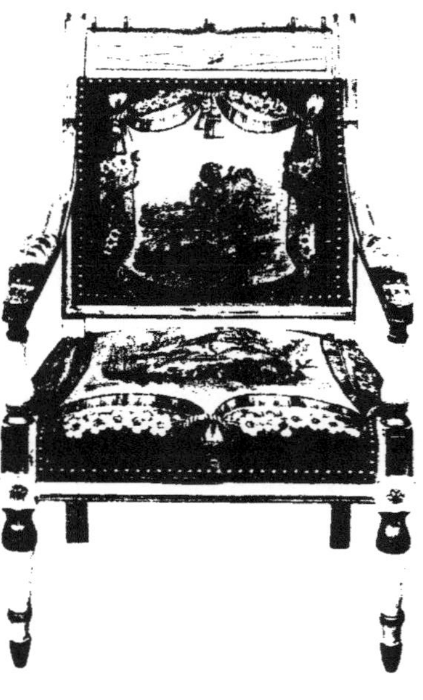

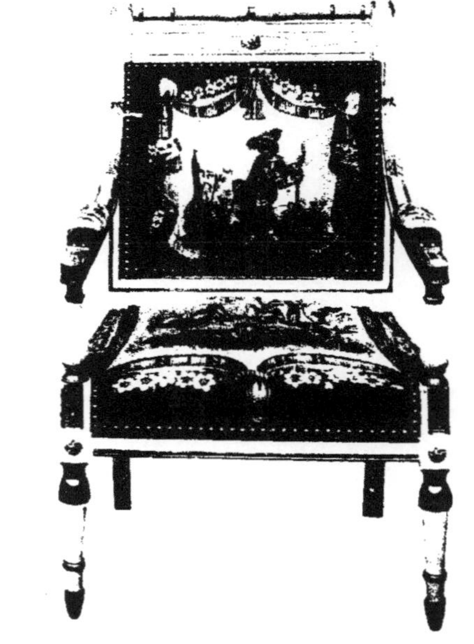

LERCHER & MAROTTI

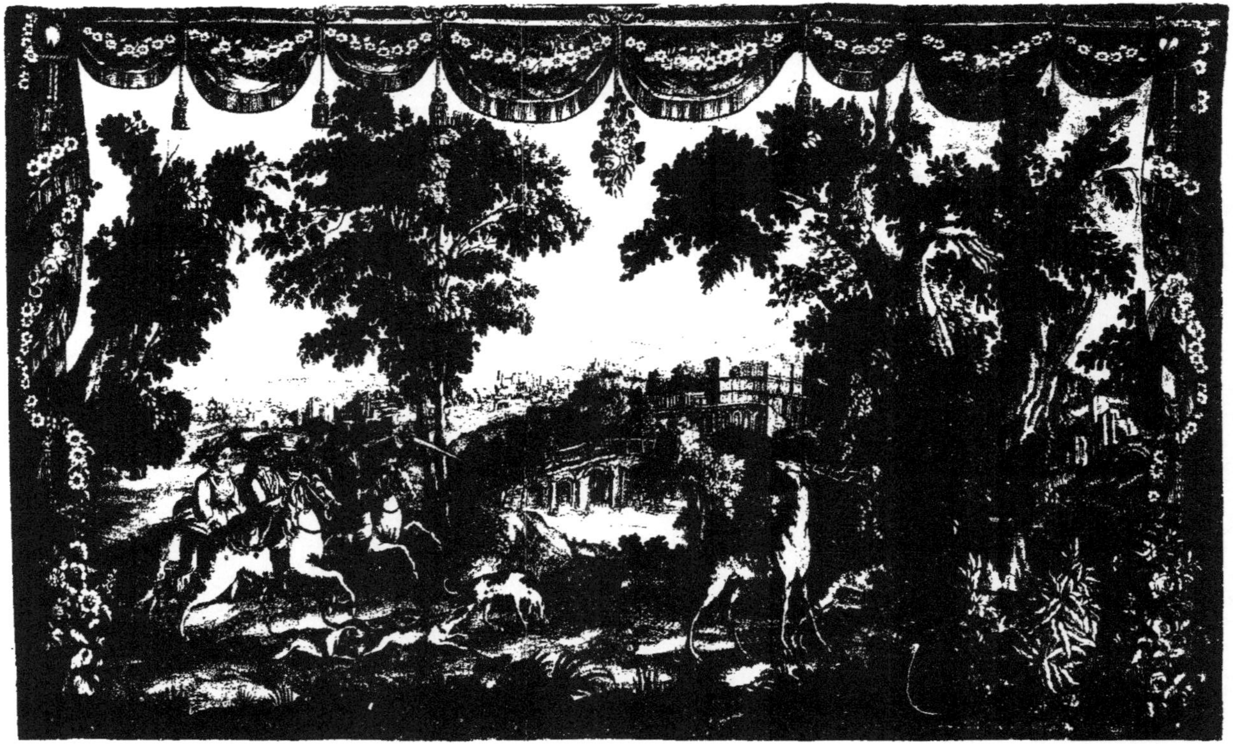

TAPISSERIES

Suite de cinq tapisseries de l'ancienne Manufacture d'Aubusson, à sujets de chasse, petits personnages et à bordures de draperies et guirlandes de fleurs. Époque Louis XVI.

Ces tapisseries, d'une remarquable conservation et d'une grande fraîcheur de coloris, ont été commandées à l'époque par les ascendants de M. Arnauldet et ont été conservées dans son hôtel, à Niort, d'où elles ne sont jamais sorties.

97 — Grande tapisserie, présentant une chasse au cerf. Au premier plan, un groupe de chasseurs et de chiens sur la piste du cerf. Au second plan, un château devant lequel passe un cours d'eau traversé par un pont rustique. Dans le lointain, collines et paysages sur un fond clair.

Haut., 2 m. 40 cent.; larg., 3 m. 80 cent.

98 — Tapisserie, présentant un groupe de chasseurs et de chasseresses à cheval, accompagnés de valets tenant les chiens. Tous se préparent à passer un ruisselet. Au second plan, on aperçoit, sur un fond clair, un laboureur et un semeur, au pied d'un monticule boisé.

Haut., 2 m. 30 cent.; larg. 2 m. 90 cent.

99 — Tapisserie, présentant une halte. Au premier plan, une dame et un chasseur, ayant à leurs pieds quelques pièces de gibier, se reposent en devisant. Près d'eux, un jeune valet tient un cheval. Dans le lointain, on distingue deux moulins à vent sur des collines.

Haut., 2 m. 38 cent.; larg., 2 m. 47 cent.

100 — Tapisserie, présentant un groupe formé d'un chasseur causant avec une paysanne accompagnée de son enfant, au bord d'un ruisseau où se désaltère un chien, tandis qu'un autre chasseur sommeille au pied d'un arbre. Dans le lointain, on aperçoit un berger et des animaux sur un fond clair de collines et de futaies.

Haut., 2 m. 40 cent.; larg., 2 m. 28 cent.

101 — Tapisserie, présentant, au bas d'une colonnade, un chasseur en conversation avec une paysanne qui tient une houlette de la main droite et de la main gauche un mouton enrubanné. A leurs pieds, dort un chien, près d'un buisson fleuri. Au second plan, un étang bordé d'arbres.

Haut., 2 m. 30 cent.; larg. 2 m. 23 cent.

Série de quatre tapisseries-verdures du XVIIe siècle.

102 — Tapisserie, présentant au premier plan deux hérons près d'un ruisseau. Au fond, vue d'un château. Bordure de fleurs et de volutes.

Haut., 2 m 90 cent.; larg., 3 m. 48 cent.

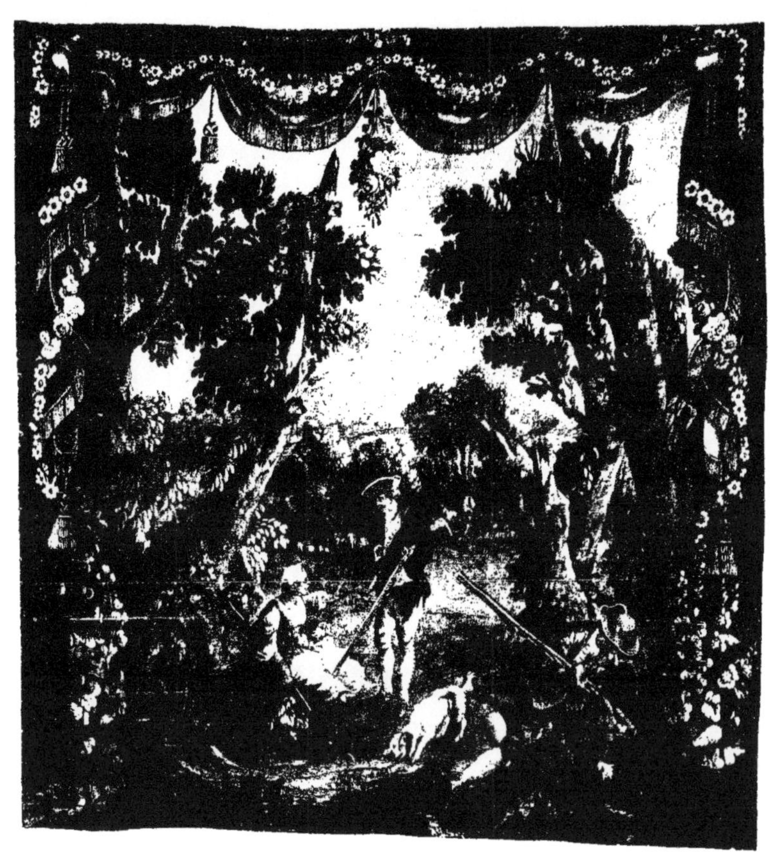

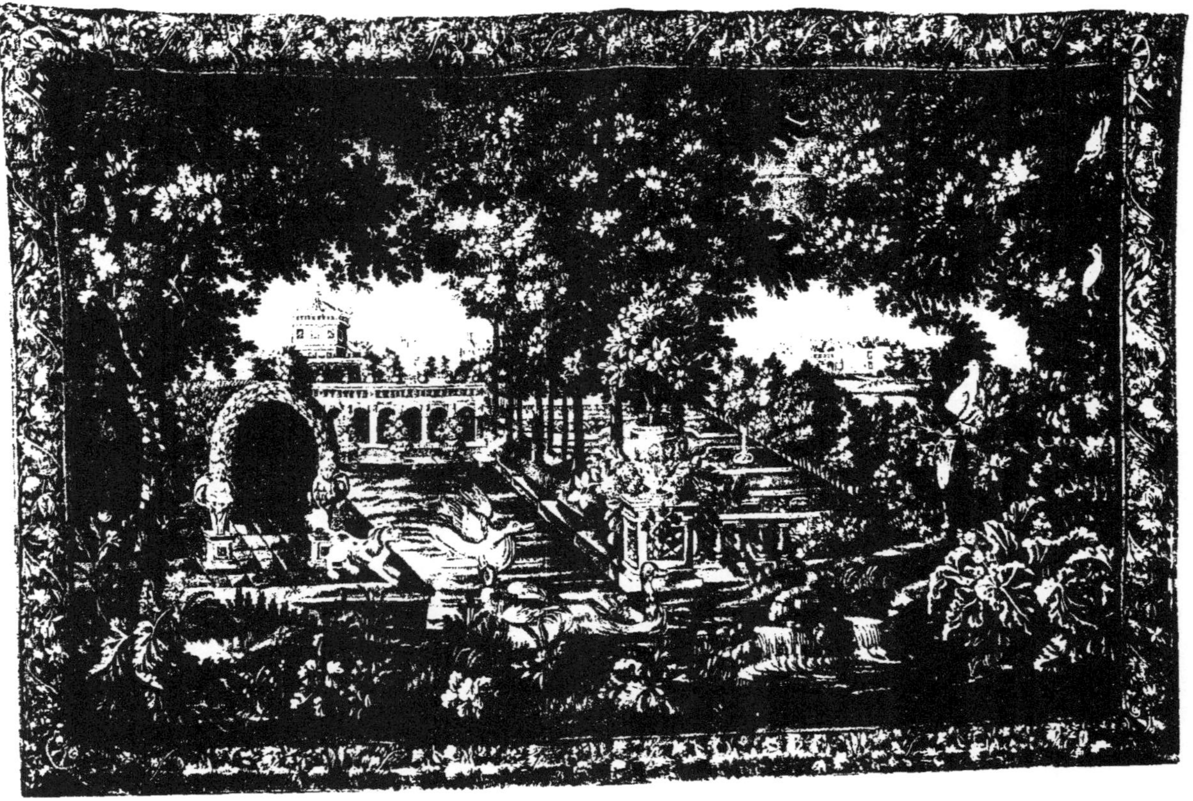

103

103 — Tapisserie, présentant une vue de parc. Au premier plan, une pièce d'eau sur laquelle s'enfuient des canards poursuivis par un épagneul. Au deuxième plan, tonnelles, vases de fleurs et colonnades. Dans le lointain, châteaux et habitations. Bordure de fleurs et de volutes.

Haut., 2 m. 90 cent.; larg., 4 m. 30 cent.

104 — Tapisserie, présentant sous une haute futaie un échassier et un écureuil. Au fond, on aperçoit un château près d'un étang. Bordure de fleurs et de volutes.

Haut., 2 m. 90 cent.; larg., 2 m. 37 cent.

105 — Tapisserie, présentant une vue de parc animé de volatiles, paons, perroquets et canards. Au second plan, château, jets d'eau et balustres. Bordure de fleurs et de volutes.

Haut., 2 m. 90 cent.; larg., 3 m. 55 cent.

106 — Un lot, fragments et bandes d'ancienne tapisserie d'Aubusson.

107 — Un lot, tapisserie au point, du XVIIe siècle. (Sera divisé.)

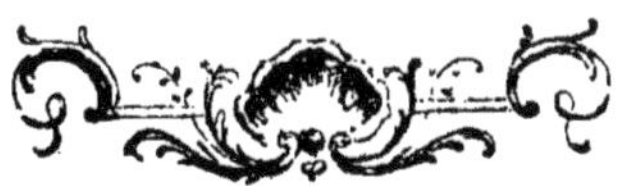

www.ingramcontent.com/pod-product-compliance
Ingram Content Group UK Ltd.
Pitfield, Milton Keynes, MK11 3LW, UK
UKHW020514180726
13839UKWH00005B/2081

9 782329 540801